BEI GRIN MACHT SICH IHR
WISSEN BEZAHLT

- Wir veröffentlichen Ihre Hausarbeit,
  Bachelor- und Masterarbeit

- Ihr eigenes eBook und Buch -
  weltweit in allen wichtigen Shops

- Verdienen Sie an jedem Verkauf

Jetzt bei www.GRIN.com hochladen
und kostenlos publizieren

Biologische Psychologie. Somatisches und vegetatives Nervensystem, Hormone der Hypophyse, Prinzip von Neurofeedback

Fabian Bozem

Bibliografische Information der Deutschen Nationalbibliothek:

Die Deutsche Nationalbibliothek verzeichnet diese Publikation in der Deutschen Nationalbibliografie; detaillierte bibliografische Daten sind im Internet über http://dnb.d-nb.de abrufbar.

ISBN: 9783346636676
Dieses Buch ist auch als E-Book erhältlich.

© GRIN Publishing GmbH
Nymphenburger Straße 86
80636 München

Druck und Bindung: Books on Demand GmbH, Norderstedt Germany
Gedruckt auf säurefreiem Papier aus verantwortungsvollen Quellen

Das Buch bei GRIN: https://www.grin.com/document/1166637

Einsendeaufgabe

Biologische Psychologie

Sonderprüfung – somatisches und vegetatives Nervensystem,
Hormone der Hypophyse, Prinzip und Anwendungsmöglichkeiten
von Neurofeedback

Modul: Biologische Psychologie

Studiengang: B. Sc. Psychologie

Von:

Fabian Bozem

Inhaltsverzeichnis

Inhaltsverzeichnis..2

Abkürzungsverzeichnis...3

Abbildungsverzeichnis..3

1 Aufgabe 1...4

1.1 Somatisches Nervensystem...4

1.2 Vegetatives Nervensystem...5

1.3 Vergleich beider Nervensysteme..6

2 Aufgabe 2...8

2.1 Adrenocorticotropes Hormon (ACTH)..................................8

2.2 Oxytocin...9

2.3 Vasopressin..10

2.4 Somatotropin (STH)..11

3 Aufgabe 3...12

3.1. Prinzip von Neurofeedback...12

3.2 Anwendungsmöglichkeiten von Neurofeedback................13

3.3 Anwendungsbeispiel ADHS..14

Literaturverzeichnis..17

Abkürzungsverzeichnis

ANS ....*autonomes Nervensystem*
bzw. .... *beziehungsweise*
CRF ....*Corticoliberin*
HHN-Achse ....Hypothalamus-Hypophysen-Nebennierenrinden-Achse
PNS ....*peripheres Nervensystem*
VNS .... *vegetatives Nervensystem*
z. B. .... *zum Beispiel*
ZNS ....*zentrales Nervensystem*

Abbildungsverzeichnis

Abbildung 1: Gliederung des Nervensystems... 4
Abbildung 2:Schaubild HHN-Achse und Einfluss von Oxytocin.. 9
Abbildung 3: EEG-Neurofeedback Aufbau bei Kindern mit ADHS................................... 15

Aus Gründen der besseren Lesbarkeit wird in dieser Einsendearbeit auf die gleichzeitige Verwendung männlicher und weiblicher Sprachformen verzichtet. Es werden dabei zwar teils beide Formen verwendet, jedoch sollen diese ohne doppelte Nennung geschlechtsunabhängig verstanden werden.

1 Aufgabe 1

Die Aufgabe eins der Einsendearbeit beschäftigt sich mit dem somatischen und dem vegetativen Nervensystem. Zunächst werden beide Systeme getrennt voneinander erläutert und anschließend nochmal zusammenfassend unterschieden.

Zum besseren Verständnis dient folgende Abbildung, welche dazu genutzt werden kann, die verschiedenen Nervensysteme nachzuvollziehen:

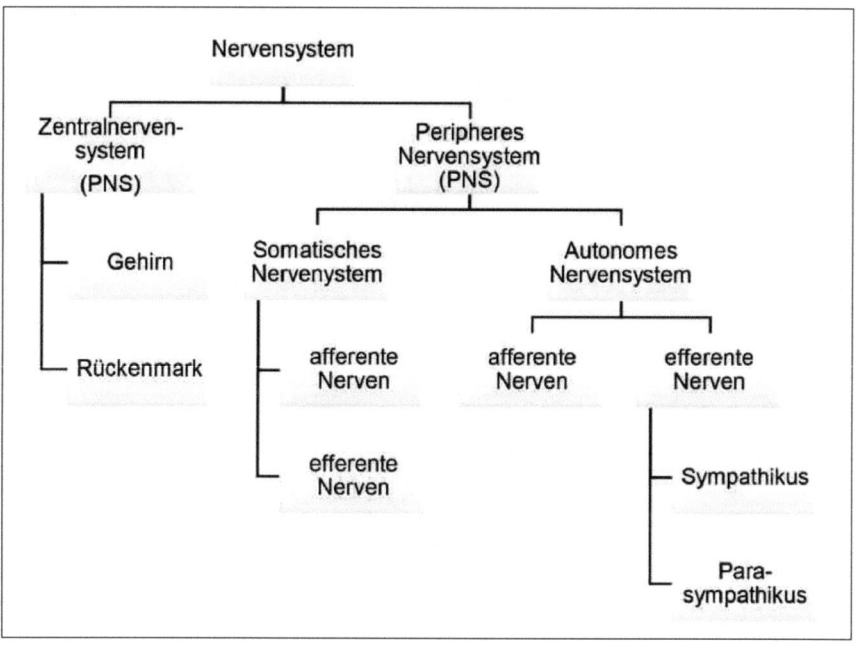

Abbildung 1: Gliederung des Nervensystems

(Karim, Prof. Dr. Ahmed A., 2015, S. 26)

1.1 Somatisches Nervensystem

Als einer von zwei Teilen des peripheren Nervensystems (PNS) kann das somatische Nervensystem hier eingeordnet werden. Dabei erfüllt es den Zweck der Interaktion mit der Umwelt durch afferente und efferente Nerven. Die afferenten Bahnen haben hierbei die Funktion Signale an das ZNS (zentrales Nervensystem) weiterzuleiten z. B. in Form von Schmerzempfinden oder Wahrnehmung durch die verschiedenen Sinne. Die efferenten Bahnen führen hingegen zu Skelettmuskeln und ermöglichen somit diese zu bewegen. (Hoyer & Knappe, 2020)

Dabei ermöglicht das somatische Nervensystem eine bewusste und somit willentliche Steuerung von Bewegung (Arme, Beine, Zunge, etc.) und Interaktion (Sprechen, Riechen, Schmecken, etc.) mit der Umwelt (Ehlert, 2015).

Somit lässt sich zusammenfassen, dass die wichtigste Aufgabe des somatischen Nervensystems die willentliche Steuerung des Körpers ist. Ohne dieses Nervensystem wäre eine bewusste Steuerung und Einflussnahme auf die Umwelt des Individuums nicht möglich. Des Weiteren wäre auch die aktive Wahrnehmung von Reizen nicht denkbar.

1.2 Vegetatives Nervensystem

Das vegetative oder autonome Nervensystem (abgekürzt VNS bzw. ANS) ist Teil des PNS. In seiner Funktion als Nervensystem ist es an der neuronalen Regulierung der Organe (z. B. Verdauung, Atmung, Puls) beteiligt. Es besteht aus afferenten und efferenten Nervenbahnen. Die afferenten Nervenbahnen des VNS leiten Signale von den inneren Organen zum ZNS, während die efferenten Bahnen Signale vom ZNS zu den inneren Organen übertragen. Hierbei können zwei typische Arten von efferenten Nerven unterschieden werden. Diese sind sympathische und parasympathische Nerven, welche auch als Sympathikus oder Parasympathikus bezeichnet werden. (Karim, Prof. Dr. Ahmed A., 2015)

Der **Sympathikus** hat eine aktivierende Wirkung und ist immer dann aktiv, wenn wir in Gefahr sind und bereitet so den Körper darauf vor z. B. zu fliehen oder zu kämpfen (dies ist auch bekannt als Fight or Flight reaction). Er bewirkt eine

Zunahme der Herzfrequenz, des Blutdrucks und der Schweißdrüsenaktivität. (Karim, Prof. Dr. Ahmed A., 2015)

Der **Parasympathikus** kann als Gegenspieler zum Sympathikus betrachtet werden. Er ist dann aktiv, wenn wir entspannt sind und ist dafür zuständig Energiereserven aufzubauen. Als Gegenteil zum Sympathikus bewirkt er eine Reduktion der Herzfrequenz und des Blutdrucks. (Karim, Prof. Dr. Ahmed A., 2015)

Bei den meisten inneren Organen liegt eine sympathische und parasympathische Innervierung vor. Wird jedoch im Detail geschaut, so kann festgestellt werden, dass die Schweißdrüsenaktivität lediglich sympathisch beeinflusst wird. Daher kann der Parasympathikus auch nicht für ein Abklingen dieser Aktivität sorgen. (Karim, Prof. Dr. Ahmed A., 2015)

Eine wichtige Aufgabe des ANS ist die Homöostase (=Gleichgewicht) des Körpers. Dadurch werden optimale und stabile Arbeitsbedingungen in den wichtigen Körpersystemen ermöglicht. Damit diese Aufgabe gut gelingen kann, benötigt es viele Rückmeldeschleifen, welche die verschiedenen Regulationszentren im Gehirn mit ausreichend Informationen über den Ist-Zustand der Körperperipherie versorgt. (Hofmann, 2020)

Des Weiteren lässt der Name „autonomes Nervensystem" darauf schließen, dass es sich um automatische, also nicht willentliche, Vorgänge handelt. Hiermit sind unwillkürliche Prozesse gemeint, die nicht bewusst gesteuert werden müssen. (Hofmann, 2020)

1.3 Vergleich beider Nervensysteme

Werden nun beide Systeme betrachtet, also das somatische und vegetative Nervensystem, so lassen sich einige Aspekte feststellen.

Zunächst gibt es zwei wesentliche Aspekte, die die beiden Nervensysteme verbindet, diese wären folgenden:

- Beide besitzen sowohl afferente wie auch efferente Nervenbahnen
- Sie werden dem PNS zugeordnet

Dem gegenüber gibt es eine Reihe von Eigenschaften, welche die beiden gut unterscheidbar macht:

- Das somatische Nervensystem besteht aus einem Typ von efferenten Bahnen, während das autonome hier in zwei verschiedene unterteilt werden kann (sympathische und parasympathische).
- Während das somatische Nervensystem willentlich gesteuert werden kann, so handelt es sich bei dem vegetativen Nervensystem um unwillkürliche Prozesse.
- Die efferenten Nervenbahnen des somatischen Nervensystems führen zu Skelettmuskeln. Die efferenten Nervenbahnen des ANS führen hingegen zu inneren Organen.
- Beim ANS leiten die afferenten Nerven Signale von inneren Organen an das ZNS weiter, beim somatischen kommen die Signale von Rezeptoren in der Haut, den Skelettmuskeln, den Gelenken, den Augen und Ohren. Außerdem handelt es sich bei den Signalen des somatischen Nervensystems um sensorische Informationen.

Bei diesem Vergleich wird relativ schnell klar, dass beide Systeme sehr unterschiedlich sind und wenig Gemeinsamkeiten haben. Zusätzlich handelt es sich bei den Gemeinsamkeiten eher um kategorische Aspekte (Zuordnung zum PNS) und weniger um funktionelle (Wirkung auf den Körper / Nutzen).

Zudem kann aus dem Vergleich geschlussfolgert werden das Defekte an oder in den Systemen zu unterschiedlichen Folgen führt. Sollten Teile das somatische Nervensystem defekt sein, kommt es zu einer Einschränkung in der Interaktion mit der Umwelt (z. B. fehlende Wahrnehmung von Reizen oder unwillkürliche Steuerung von Skelettmuskeln). Ist hingegen das ANS beschädigt, wirkt sich das auf innerkörperliche Prozesse (Verdauungssteuerung) und den Erhalt der Körperbalance (Homöostase) aus. (Hoyer & Knappe, 2020)

2 Aufgabe 2

Im Folgenden werden vier verschiedene Hormone, welche durch die Hypophyse ausgeschüttet werden, genauer betrachtet. Dabei werden diese benannt, sowie die jeweilige Funktion erläutert.

2.1 Adrenocorticotropes Hormon (ACTH)

Das Adrenocorticotrope Hormon kann als eines der weitreichendsten Hormone der Hypophyse bezeichnet werden. Übersetzt bedeutet es „auf die Nebennierenrinde gerichtet", was damit zusammen hängt das ACTH dort für die Ausschüttung von anderen Hormonen sorgt. (Becker-Carus & Wendt, 2017)

Um jedoch logisch vorzugehen ist zunächst festzuhalten, dass ACTH zusammen mit dem entsprechenden Releasing-Hormon (CRH) in ein Regelkreissystem eingebunden ist. Dieses System ist bekannt als Hypothalamus-Hypophysen-Nebennierenrinden-System. Durch Ereignisse, die psychischer oder physischer Natur sein können, wie beispielsweise Stress, wird im Hypothalamus ein entsprechendes Releasing-Hormon freigesetzt. Dieses gelangt durch Gefäßbahnen zur Hypophyse und sorgt dort für die Ausschüttung von ACTH. Durch den Blutstrom gelangt ACTH dann schließlich zu den Drüsen der Nebennierenrinde, sowie zu verschiedenen weiteren Organen. Dadurch kommt es zu Ausschüttungen von ca. 30 verschiedenen weiteren Hormonen, die den Körper in seiner Funktion an die Stressbelastung anpassen sollen. Die wichtigsten Hormone, die durch ACTH, in der Nebennierenrinde ausgeschieden werden sind die Corticoide: Cortisol und Aldosterol. (Becker-Carus & Wendt, 2017)

2.2 Oxytocin

Das Hormon Oxytocin lässt sich auch gut als das Hormon der Nähe beschreiben. Dies hängt mit der Wirkweise von Oxytocin zusammen, welches seine Wirkung ganz besonders im Kontext von Beziehungen äußert. So werden unter anderem, durch Oxytocin, soziale Interaktionen angeregt, die soziale Wahrnehmung verbessert, der Stresspegel und Heilungsprozesse gefördert. (Moberg et al., 2016)

Bei Ratten sorgt Oxytocin dafür, dass der Spiegel des Stresshormon Corticosteron sinkt. Bei Menschen entspricht dieses Hormon dem Stresshormon Cortisol. Damit besser nachvollzogen werden kann, wie Oxytocin die Stressreaktion abschwächt, wird nachfolgend ein kurzer Überblick über die HHN-Achse (Hypothalamus-Hypophysen-Nebennierenrinden-Achse) gegeben:

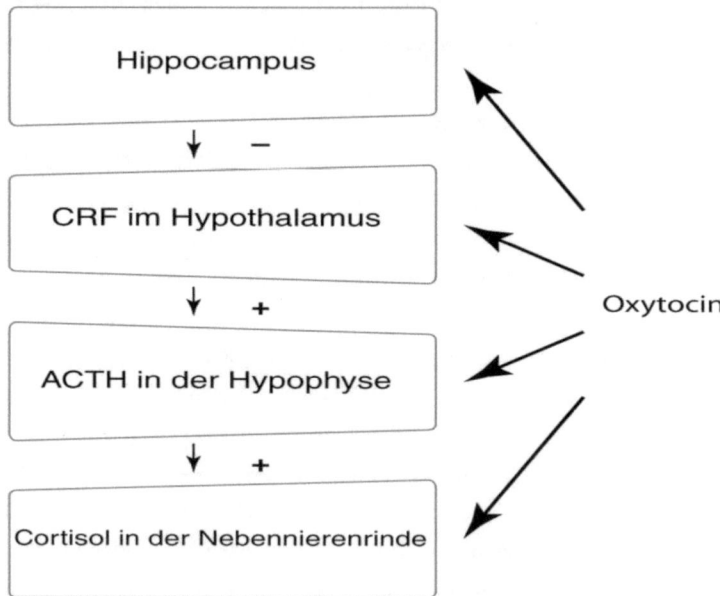

Abbildung 2:Schaubild HHN-Achse und Einfluss von Oxytocin

(Moberg et al., 2016, S. 69)

Wie im Schaubild zur HHN-Achse angedeutet kann Oxytocin auf alle Stationen dieser Achse Einfluss ausüben. So kann es der Ausschüttung der Hormone CRF (Corticoliberin), ACTH (Adrenocorticotropes Hormon) und Cortisol entgegenwirken und damit die Stressreaktion vermindern. (Moberg et al., 2016)

Abgesehen von der Auswirkung auf die HHN-Achse hat Oxytocin auch Einfluss auf die Aktivität des autonomen Nervensystems. Hier sorgt Oxytocin beispielsweise für die Senkung des Blutdrucks, indem es die Aktivität des Sympathikus unterdrückt, und verlangsamt den Puls, indem es die Aktivität im parasympathischen Nervensystem verstärkt. Des Weiteren regt Oxytocin Wachstum und Heilung an, indem es die Aktivität des Parasympathikus und entsprechender Mechanismen im Gehirn verstärkt. (Moberg et al., 2016)

2.3 Vasopressin

Vasopressin ist ein eng verwandtes Hormon von Oxytocin. Würden zwei Aminosäuren getauscht werden, so ergebe sich aus Vasopressin schließlich Oxytocin. Trotz dieser Ähnlichkeit wirken beide Hormone gegensätzlich, dabei erzeugt Oxytocin positive soziale Interaktionen, ein Gefühl von Ruhe und Entspannung sowie einen niedrigeren Blutdruck. Hingegen bewirkt Vasopressin aggressive Interaktionen und lässt den Stresspegel steigen, was sich wiederum in einem erhöhten Blutdruck äußert. Dadurch verbindet beide Hormone die Eigenschaft, dass sie Verhaltensweisen und Körperfunktionen zu Mustern, die je nach Situation angemessen sind, koordinieren. Damit sind diese beiden Hormone nicht alleine und reihen sich mit anderen „Kontrollsubstanzen" ein. (Moberg et al., 2016)

Die drei Hauptaufgaben von Vasopressin sind:

- Verminderung der Urinproduktion
- Erhöhung des Blutdrucks durch Kontraktion der Muskeln um die Blutgefäße

- Beeinflussung des Verhaltens. (Vasopressin hat in Tierversuchen Aggressivität hervorgerufen.) (Moberg et al., 2016)

Nach (Karim, Prof. Dr. Ahmed A., 2015) fördert Vasopressin beispielsweise die Rückresorption von Wasser durch die Niere. Dies geschieht primär nachts und ermöglicht so gesunden Erwachsenen ohne Bettnässen durchzuschlafen. Des Weiteren spielt es eine wichtige Rolle bei der Entstehung von Durst und der Steuerung des Wasserhaushalts im Körper. (Karim, Prof. Dr. Ahmed A., 2015)

2.4 Somatotropin (STH)

Somatotropin, auch bekannt als das Wachstumshormon, dient in erster Linie der Regulation des Wachstums von Organen und Skelett, sowie der Schaffung der dafür erforderlichen metabolischen Voraussetzungen. (Brandes et al., 2019)

Gebildet wird dieses Hormon in einem Teil der Hypophyse, der sogenannten Adenohypophyse. Die Wirkung zielen auf Körper- und Organwachstum. Diese Prozesse werden durch Somatotropin beeinflusst, indem das Wachstum von Knochen, Muskeln und Eingeweiden und die für das Wachstum erforderliche Synthese von Proteinen gefördert wird. Des Weiteren wirkt sich Somatotropin auf den Stoffwechsel aus, wodurch die Voraussetzungen für das Wachstum entstehen. (Brandes et al., 2019)

Die Ausschüttung des Hormons wird durch Somatoliberin gefördert und durch Somatostatin gehemmt. Dabei spielen eine Vielzahl von Faktoren eine Rolle:

- Fördernd wirken Aminosäuren, Hypoglykämie, Glukagon, Schilddrüsenhormone, Östrogene, Dopamin, Serotonin, Noradrenalin, Endorphine, NREM-Schlaf und Stress
- Hemmend wirken Hyperglykämie, Hyperlipidämie, Gestagene, Kortisol, Somatomedine, Thyrotropin-releasing-Hormon, Adrenalin, GABA, Adipositas und Kälte

- Die Somatotropinausschüttung ist im frühen Erwachsenenalter am höchsten und nimmt dann mit dem Alter ab. Folgen davon sind beispielsweise Abnahme der Muskelmasse und Beeinträchtigung der Immunabwehr. (Brandes et al., 2019)

In den meisten Fällen erzielt Somatotropin seine Wirkung nicht direkt an der Zielzelle. Vielmehr wird die Wirkung des Hormons durch andere Faktoren vermittelt. So beispielsweise durch Wachstumsfaktoren, welche in der Leber gebildet werden. (Brandes et al., 2019)

3 Aufgabe 3

Im Rahmen der letzten Teilaufgabe wird das Prinzip von Neurofeedback erklärt. Außerdem wird auf verschiedene Anwendungsmöglichkeiten eingegangen und somit das Spektrum kurz angerissen.

3.1. Prinzip von Neurofeedback

Der Begriff Neurofeedback, auch EEG-Biofeedback genannt, setzt sich aus zwei Wortteilen zusammen. Diese sind zum einen der erste Teil „Neuro- "und der zweite Teil „-feedback". Werden beide Teilen einzeln betrachtet ergeben sich folgende zwei Definitionen:

- **Neuro:** Der Begriff Neuro ist ein vorangestelltes Wortbildungselement und kommt aus dem Griechischen. Dabei kommt diesem Element die Bedeutung Nerv zu. (*neuro- - Wortbedeutung.info*, 2021)
- **Feedback:** Das Wort Feedback wird nach (*Feedback - Wortbedeutung.info*, 2021) definiert als „Bekanntgabe einer Wahrnehmung oder die Beurteilung von etwas, die wiederum zur Veränderung bzw. Verbesserung dieser Sache genutzt werden kann". Synonyme hierfür sind beispielsweise Antwort, Reaktion, Rückkopplung und Rückmeldung (*Feedback - Wortbedeutung.info*, 2021). Demnach

werden Feedbacks in der Regel verwendet, um eine Rückmeldung zu erhalten, welche zu einer Veränderung führen kann/soll.

Werden nun beide Begriffe kombiniert, ergibt sich daraus sinngemäß eine „Nervenrückmeldung". Gemeint ist damit eine visuelle oder akustische Rückmeldung („Feedback") bestimmter Signale des Körpers („Bio"), genauer die Hirnstromaktivität, welche der Mensch unter normalen Bedingungen nicht bewusst wahrnehmen kann. (Holtmann et al., 2004)

Das zugrunde liegende Prinzip hinter Neurofeedback ist dabei, das durch die Bewusstmachung der im Körper ablaufenden Prozesse die Möglichkeit entstehen soll auf die eigenen cerebralen Erregungszustände Einfluss zu nehmen und diese dadurch dauerhaft zu verändern. (Holtmann et al., 2004)

3.2 Anwendungsmöglichkeiten von Neurofeedback

Die Bereiche, in denen Neurofeedback Anwendung findet, sind schwer abzugrenzen und weiten sich zunehmend aus. Dazu gehören beispielsweise folgende Felder:

- Epilepsie
- Emotionale Störungen (Ängste, Depressionen)
- Suchterkrankungen
- Schlafstörungen
- Schmerzen (z. B. Migräne, chronischer Rückenschmerz)
- Schlaganfall
- Tinnitus
- Stress
- Herz-Kreislauf-Erkrankungen (z. B. Bluthochdruck)
- Inkontinenz (Kraft, 2005)

Abgesehen davon lässt sich diese Methode auch in Bereichen außerhalb von klinischen Anwendungen finden. Dies geschieht dort, wo Menschen an die

Grenze ihrer mentalen Fähigkeit stoßen oder ihre Leistung weiterhin steigern möchten. Teil dessen sind auch das Erreichen von Höchstleistungen, wie etwa:

- Im Spitzensport (z.b. Golf)
- Im künstlerischen Bereich (z.b. Opernsänger)
- Zur Erhaltung der geistigen Flexibilität, besonders im hohen alter (Markowitsch & Siefer, 2007)

Trotz all dieser möglichen Anwendungsfelder oder viel mehr gerade deshalb ist es wichtig zu erwähnen, dass eine Vielzahl der aktuellen Durchführung noch experimenteller oder forschender Herkunft ist. Neurofeedback ist ebenso wie die komplette neurologische Spate der Psychologie noch vergleichsweise jung und bedarf noch der Überprüfung und wissenschaftlichen Erforschung. Das sichere zugrunde legen von Wirkung und Kausalität mit eindringlicher theoretischer Begründung steht größtenteils noch aus und wird in den kommenden Jahren sicherlich von Bedeutung sein. (Karim, Prof. Dr. Ahmed A., 2015)

3.3 Anwendungsbeispiel ADHS

Damit sowohl das Prinzip von Neurofeedback deutlicher wird als auch ein Anwendungsbeispiel stellvertretend aufgezeigt wurde, wird im Rahmen dieses Unterpunkts von Aufgabe 3, Neurofeedback im Anwendungsfall von ADHS erläutert.

Das EEG-Neurofeedback ermöglicht es Patienten dazu zu trainieren ihre elektrische Gehirnaktivität selbst zu regulieren. Dieses Training findet beispielsweise in der Therapie von Kindern mit ADHS Anwendung. Die Grundlage hierfür bietet der Fakt das Kinder mit ADHS häufig eine pathologische Veränderung im EEG zeigen. Dort ist die Beta-Aktivität (die mit Aufmerksamkeit einhergeht) zu niedrig, während hingegen zu viel Theta-Aktivität (die mit Müdigkeit einhergeht) gemessen werden kann. (Karim, Prof. Dr. Ahmed A., 2015)

Durch das Training gelingt es den Kindern (und Erwachsenen) ihre Beta-Aktivität zu erhöhen und ihre Theta-Aktivität zu verringern. Dabei ist die Effektivität dieser Intervention zur Therapie von ADHS empirisch gut belegt. (Karim, Prof. Dr. Ahmed A.. 2015)

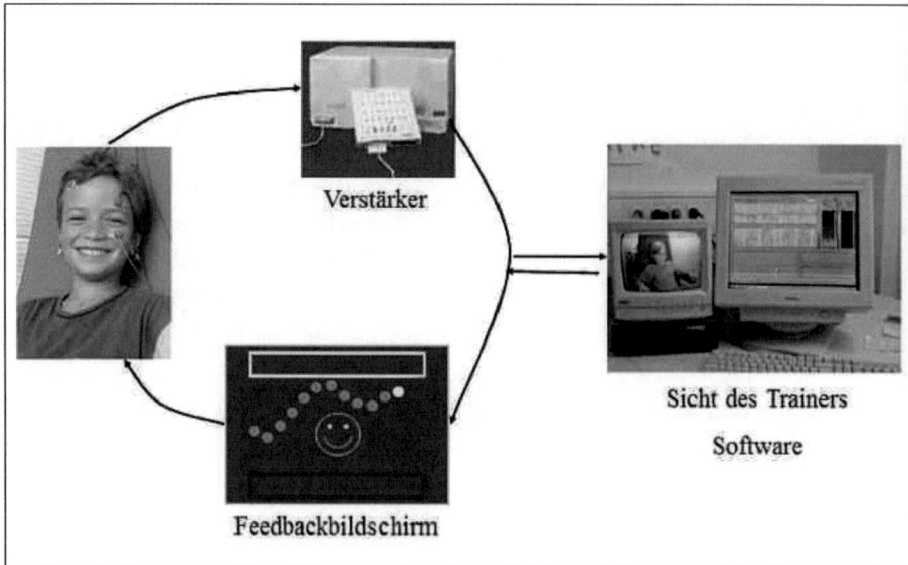

Abbildung 3: EEG-Neurofeedback Aufbau bei Kindern mit ADHS

(Karim, Prof. Dr. Ahmed A., 2015, S. 66)

Wie in Abbildung 3 dargestellt werden an der Kopfoberfläche der betroffenen Person Elektroden angebracht, um das EEG zu messen. Das Signal wird anschließend verstärkt und in einem Computer verarbeitet. Auf dem Bildschirm des Trainers werden dann die Grund-EEG und einzelnen EEG-Frequenzen angezeigt, während der Patient eine transformierte Version, der ausgesuchten EEG-Signale, auf einem Feedbackbildschirm erhält. Der Patient erhält dabei die Aufgabe, den Ball nach oben zu bewegen, indem er seine Beta-Aktivität im Gehirn erhöht. Durch das Feedback kann er schnell lernen, durch welche Gedanken bzw. Strategien ihm dies gelingt. Da dieses Training den

Charakteristiken eines Computerspiels folgt, haben die meisten Kinder viel Freude daran. (Karim, Prof. Dr. Ahmed A., 2015)

Literaturverzeichnis

Becker-Carus, C. & Wendt, M. (2017). *Allgemeine Psychologie*. Springer Berlin Heidelberg.

Brandes, R., Lang, F. & Schmidt, R. F. (2019). *Physiologie des Menschen*. Springer Berlin Heidelberg.

Ehlert, U. (Hrsg.). (2015). *Springer-Lehrbuch. Verhaltensmedizin* (2. Aufl.). Springer Berlin Heidelberg.

Feedback - Wortbedeutung.info. (2021, 22. September). https://www.wortbedeutung.info/Feedback/

Hofmann, J. (2020). *Ein Physiologiemodell für Tactical Combat Casualty Care Training in mobilen Serious Games*. Springer Fachmedien Wiesbaden.

Holtmann, M., Stadler, C., Leins, U., Strehl, U., Birbaumer, N. & Poustka, F. (2004). Neurofeedback in der Behandlung der Aufmerksamkeitsdefizit-Hyperaktivitätsstorung (ADHS) im Kindes- und Jugendalter [Neurofeedback for the treatment of attention-deficit/hyperactivity disorder (ADHD) in childhood and adolescence]. *Zeitschrift fur Kinder- und Jugendpsychiatrie und Psychotherapie, 32*(3), 187–200.

Hoyer, J. & Knappe, S. (Hrsg.). (2020). *Lehrbuch. Klinische Psychologie & Psychotherapie* (3. Aufl.). Springer.

Karim, Prof. Dr. Ahmed A. (2015). *BIOLOGISCHE PSYCHOLOGIE: Titel-Nr. 1184-01.*

Kraft, P. (2005). Bücher für die (chemischen) Sinne. *Angewandte Chemie, 117*(38), 6259–6261. https://doi.org/10.1002/ange.200585327

Markowitsch, H. J. & Siefer, W. (2007). *Tatort Gehirn: Auf der Suche nach dem Ursprung des Verbrechens*. Campus-Verl.

Moberg, K. U., Streit, U. & Jansen, F. (2016). *Oxytocin, das Hormon der Nähe*. Springer Berlin Heidelberg.

neuro- - Wortbedeutung.info. (2021, 22. September). https://www.wortbedeutung.info/neuro-/